도화지에 그린 저녁

수필이 있는 시집

도화지에 그린 저녁

이종오

韓國新春文藝協會

작가 단상

우리 각자에게 펼쳐진 길은 무한대의 갈림길이다.
누구나 한 번도 가 본 적이 없는 길을 간다.

'희로애락'은 홀로 짊어져야 할 삶의 여정.

재물이나 명예 그리고 권력의 어떠함에 의해 좌우되는 건 아니다.
오로지 신께서 부여하신 각자의 분량은 매일반이다.

그리고 그 길은 온전한 참 명제를 얻기 위함이다.

내가 가는 새로운 길에서 필요한 건 하나뿐.
유기체가 햇볕과 바람 그리고 비의 사랑으로 지탱되는 것처럼.

2020년 11월

저자 이종오

| 목차 |

1부

여자(餘者) · · · 7
2월 지리산 · · · 8
3월 지리산 · · · 9
4월 지리산 · · · 10
6월 지리산 · · · 11
24시 막차 · · · 12
C. PY. · · · 13
겉과 속 · · · 14
경이로움 · · · 15
공평함 · · · 16
대차대조표 · · · 17
더러움 · · · 18
데까르뜨 · · · 19
메콩 강 · · · 21
본능 · · · 22
사오께 · · · 23
생각 · · · 24
수렴과 발산 · · · 25
술 한잔할까? · · · 26
신의 도우심 · · · 27

2부

어리석음 · · · 28
어우러짐 · · · 29
여행자 · · · 30
연정(戀情) · · · 31
요지경 · · · 32
위력(偉力) · · · 33
유혹 · · · 34
이국 사람을 만난 것처럼 · · · 35
이국의 길 · · · 37
자유로움 · · · 38
저 편 · · · 39
정전기 · · · 40
존재가치 · · · 42
질서 · · · 43
착취 · · · 44
초겨울 유노시마칸 · · · 45
콤비네이션 · · · 46
파멸 · · · 47
프리덤 · · · 48
개탄 · · · 49

3부

현명함 · · · 50
현재 진행형 · · · 52
희망 · · · 54
가을 아침 · · · 55
본질과 헛갈림 · · · 56
부메랑 · · · 57
선물 · · · 58
성숙 · · · 59
아이러니 · · · 60
자살 · · · 61
치명도구 · · · 62
FIRST TIME · · · 63
풍력 발전기 · · · 64
히메가와 연가 · · · 65
기차 · · · 66
노토반도의 겨울 저녁 · · · 67
삼일절 · · · 68
정겨움 · · · 70
소음 · · · 71
기울어짐 · · · 72

4부

무지 · · · 73
남한산성 · · · 74
오해 · · · 75
우둔함 · · · 76
혼돈 · · · 77
망중한 · · · 78
신기루 · · · 79
다정다감 · · · 80
노고단에서 · · · 82
포장오물 · · · 83
이순 · · · 84
여생 · · · 85
북간도 · · · 86
정동극장 · · · 88
역학관계 · · · 89
도화지에 그린 저녁 · · · 90
사랑함 · · · 91
꽃무릇 · · · 92
청계천 연가 · · · 93
남산 산책길 · · · 94

5부

희로애락 ··· 95
언어는 속임수 ··· 99
독서와 생존 ··· 102
부여에서 ··· 105

축서 ··· 113

여자(餘者)

떠난 자는 남기고 간 게 아니라
버리고 갔다

빚도 깊은 상처와 상실감도
모두 떠안기고 갔다

무능력한 건 무책임한 거다

산처럼 쌓인 것들,
볼품없이 버려진 들판의 그것들이

감당하기조차 버거운
잔 분의 울타리 되어

삶을 짓누르고 있다

그렇게 여자(餘者)는 다음 세대의
또 다른 여자(餘者)에게 지워지지 않는

생의 오욕과 오물을 흩뿌릴 뿐

그래도 무지한 자(者)는 떠들어 댄다

두엄 밭에 굴러도 이승이 좋다고.

2월 지리산

숨 멈춘 그때처럼
고요함 속에 빛이 보인다

겉으로 보이는
척박하고 피골이 상접한
잔가지 너머로

겹겹이 불그스름한 눈빛이
처연하게 타오른다

사력을 다 하는 첫 해산의
그것처럼

너는 언제나 이때 쯤
그런 노력으로 몸부림친다.

3월 지리산

둔탁하고 거친 줄기를 뚫고
여린 새 순이 빠끔히 얼굴을 내민다

실상은 뿌리 어미가
지고지순한 성심으로 생명수를
이어 와 터준 길을 따른 것일 뿐

널려진 배냇저고리에서
젖 내음이 나 듯

새 순들의 향이 은근한
페르몬으로 흩뿌려진다

계곡에 흐르는
청량한 물을 머금어 본다

첫 키스의 강렬함처럼 빨려드는 미네랄

흐르는 물소리는
견우와 직녀가 맞닿았을 때의

터질 듯 한 심장박동

3월 지리산은 시작의 다이너마이트.

4월 지리산

색동저고리 입고
그네와 널뛰기 하는 듯

꽃들과 잎새들이 다투어 뽐낸다

붉은 색은 붉은 대로
푸른 빛은 푸른 대로
흰 거품은 흰 대로

저마다 활기차다

바람님이 오시면 버선발로 나서고,
빗님이 오셔도 맨발로 뛰쳐나가서

그런 정다움도 없어라!

사는 게 뭔지
행복함이 뭔지

어우러짐의 아름다움을 보여준다

4월에 너를 보면 눈물이 흐른다.

6월 지리산

그곳엔 내가 없다

햇살과 기꺼운 사랑을 나누는
나무와 이끼

바람의 무한한 이해를 받는
잎사귀와 풀

다정한 어루만짐에 만족하는
바위와 자갈

그 위대한 생명력 앞에
나는 없었다.

24시 막차

칠흑의 자궁에서
출구를 향해 질주한다

숙명처럼

메마른 아스팔트를 박차는 숨 막힘은
빛을 향한 갈망인가

운명처럼

지나는 사물들이
보이지도 않고 스친다

목표를 향해 떠난 살처럼.

이런 게 삶인가,
혹은 죽음인가

결국 모든 건 허구.

C. PY.

그늘진 네 모습에
가슴이 저려온다

수척한 몰골에서
슬픔이 밀려온다

처음에서
고려로부터 조선까지

최후의 자존심을 품고 있는 너

광개토대왕이 기다리시고
삼별초님들이 오시고 계신다

지치지 말고 기다려 주라

진주성의 그때를 기억하라.

겉과 속

물만 주면서
편안하게 하니

꽃이 제대로 활짝 피어난다

모이만 주면서
칭찬을 하니

닭의 깃털이 아름답게 된다

좋은 비료를 줘도
악심을 품으면

꽃은 말라 죽는다

영양제를 섞어 주면서
흘기는 눈으로 쳐다보면

깃털 빠진 닭 되어 병든다

꽃과 닭도 그렇다.
하물며 사람이거든.

경이로움

예측불허의 상황에 놓여진다
갖고 있는 모든 역량으로
겨우 견뎌내길 수차례씩

그런 시련의 극복으로 행복을 거머쥐게 된다

유비예측으로 상황을 전개한다
온갖 꾀로 독주하다가
헛디뎌 늪에 자빠진다

그런 얄팍함으로 절망의 소용돌이에 휘감기게 된다

신의 이끌어 주심과
사람의 도모함은 그토록 다르다.

공평함

인간은 모두가 동일하다
성인은 존재할 수 없는 거짓

인간이 공평할 수 없는 것처럼

사랑하기 때문에 행하여지는 거
공평할 수밖에 없는 게 신이다

사랑하지 않으면 존재할 수 없는 것처럼,

어떤 상황에서도 평형 상태
능력으로만 성취되는 거

신의 공평함은 위로를 주고
절망을 견디게 하여

산 소망을 지닐 수 있게 한다.

대차대조표

누구를 만나든, 무엇을 하든
시작부터 끝까지

이해타산을 산출한다

적절한 계산 능력도 없으면서
기준 없는 각자의 방법대로

순간마다 만감의 교차로 뒤엉킨다

그렇게 누적되는 기쁨과 슬픔으로 일생을 허비한다

삶의 저울은 신의 척도

신께서 말씀하신다.
"손익 결과는 언제나 평형일 뿐."

더러움

은행을 턴 강도,
금은방을 싹쓸이 한 도둑
그들에게 손가락질 한다

몇 번의 이사로 불로소득하면서

부정축재한 정치인,
탈세한 기업가
그들을 욕한다

아파트 전매로 통장에 잔고를 쌓아 두면서

착실한 회사원,
정직한 경비원
그들을 비웃는다

땅 투기 한 번에 평생 일한 댓가를 거머쥐니까

감방에서 절도범과 강도가
성공사례를 내세운다

철창 속에서 기업가와 정치인이
재수 없었음을 아쉬워한다

성공한 부동산 투기자는 많은 사람 앞에 당당하게 선다.

데까르뜨

신혼부부에게 원앙을 선물한다

원앙은 다산하기 위해
수컷이 기회를 틈 타
여러 암컷을 가까이 한다

개나 돼지도 다산한다

원앙은 표면에 드러나지 않는 편이라 그런가?

남자는 늑대라 한다

늑대는 암수가 매우 사이좋다
암컷에 대한 수컷의 충성은
타 짐승의 추종을 불허한다

그런 남자를 고대하기에 그런가?

까치가 울면 손님이 온다고 한다

실상은 온갖 만행을 저지르는
괘씸한 조류이며,
다수의 손님이 도둑질이나
사기를 친다

까치가 우는 소리에 경계 강화하라는 건가?

인간과 가장 가까운 종족은 침팬지다.

침팬지는 영역을 확장하기 위해
평생 다른 침팬지를 살육하고 산다
우두머리를 세우고 간사하게 평화를 외친다

자식을 안고 이를 잡아주는 침팬지가 그렇게 평온해 보이는가?

나의 존재는 생각할 때만.

메콩 강

어머니이기 보다
연인이다

싯누런 황토는 정결함의 상징

아집과 불협화음
고통과 안락

모든 걸 끌어안고 있는 너

지친 기색 없이
언제나 부드러운 율동으로
나를 안아 준다

평온은 감정적이지 않은 거

평온할 수 없는 인생에게
지금도 너는 가르침에 본 보인다

나는 네 품속에서
허그 파트너가 되고만 싶다.

본능

감추려하면 더욱 튀어나오는 용수철

굶주린 하이에나

존재와 소멸의 분기점

내가 태어난 이유가 되고
네가 죽어간 까닭도 된다

숨기려할수록
드러나는 그것처럼

너는 도사리고 있다

그 어떤 것보다 강한 체취

없어지지 않는 실체

바꿔질 수도
없앨 수도 없는

본연의 자신.

사오께

낮 적막소리를 듣는다

소리를 먹는 산
소리를 싣고 오는 구름
소리를 품는 강

유기체는 에너지의 균형으로
올곧아진다

물리적 비대칭과
정서적 비합리의 아집덩어리가

네게 녹는다.

*사오께 : 베트남 닌빈의 '땀꼭' 주변을 흐르는 강

생각

지표로부터
한 꺼풀씩 벗기어 간다

마그마 핵까지

지표로부터
한 꺼풀씩 젖히고 간다

대기권을 지나 우주의 정점까지

벗기고 젖히는
꺼풀의 경계에 존재가 있고

존재의 정점이
이어져 독립된다

매양 홀로됨으로
또 다른 시작을 잉태하는

언제나 새로운 너

너의 마지막은 항상 시작이다.

수렴과 발산

떨어지는 낙엽은
땅을 만나 멈추지만

흐르는 젊음은
세월을 만나 흩뿌려질 뿐.

술 한잔할까?

밥에는 술이 없다

술에는 밥이 있거든

달이 태양한테 말한다
술 한잔할까?

땅이 하늘한테 말한다
술 한잔할까?

먼지가 바위한테 말한다
술 한잔할까?

내가 당신한테
그렇게 말한다

술 한잔할까?

신의 도우심

하나가 가면
둘이 들어선다

둘이 떠나면
넷을 만나게 된다

가고 떠남이나
들어서고 만남이나
모두 행복을 발견하는 에너지를 크게 하기만 하더라

인생은 신비로움

행복의 에너지를 더하여 주는
신의 배려로

그 신비로움에 빠져들게 된다.

어리석음

육각형 그릇 속에 물을 채운다
원뿔 모양에도 채우고

각양각색의 그릇 속에 물만 부었다

그런데 모양들이
스스로만 예쁘다고 우쭐댄다
한편으론 못생겼다며 슬퍼도 한다

결국은 같은 원료뿐인데도

점박이 돼지가 뽐낸다
흑돼지도 시건방을 떤다
흰돼지도 그렇다

어차피 같은 재료일 뿐인데도.

어우러짐

파란 하늘 주춧돌
뭉게구름 깔고
외씨 같은 잎새가
척박한 가지와 함께 있는 살림방

곱고 가지런한 햇볕과
이른 봄바람이 그들을 위해 노래한다

순결과 다정다감함으로
첫 삽을 뜨는 우리네 여정

삶은 가녀림으로부터
기대와 노력을 이어가는 것

신께서 버무려 주시는 희·노·애·락

조화와 평온이 그곳에 있다.

여행자

나무긴 나문데
모두 다른 모습처럼

추구하는 바가 그렇다

무한대의 특성을 배우게 하는 그대여!

발견과 누림은 배움의 기생물

그대로 인하여
위태한 자유로움은 평형을 거머쥔다

줄타기에서 시소로
널뛰기에서 그네타기로.

연정(戀情)

비가 내린다.

먹구름이 낄 때부터
대지는 두 손을 모아

빗줄기를 영접한다

햇볕이 든다

태양이 들어설 때부터
꽃잎은 고개 숙여

따뜻함에 감사한다

바람이 온다

아주 먼발치부터
풀들이 모여

반가운 손짓으로 맞이한다.

요지경

얻고 싶다고 얻어 지는 게 아니다
버틴다고 무너지지 않는 것도 아니다

기억하려는 애씀에서 잊혀 가고
지키려는 힘겨움 가운데 빼앗기게 되는 거다

뭔가를 잘 해 보려고 하면 어긋나기 쉽상이다

사실은 모든 게 그대로 일뿐

모든 건 그릇에 짝맞게 채워지고
들어 있다

때가 돼서 얻게 되었고
때가 돼서 잊히는 것

지금 살아 있는 건 그런 것.

위력(偉力)

선과 악의 경계를 드나든다
존재와 비존재의 영역을 오간다

최고의 쾌락과
최악의 고통을 공통분모로 하여

네 앞에 굴복당하지 않는 사람은 없다

네가 있어
조물주도 계시는 거다

우주와 지구를 가를 수 있어
네 영향력을 당해 낼 존재는 없다

지금도 너는 바벨탑 꼭대기를 보고 있구나.

유혹

채 30분을 넘기지 못하는
물리적 번성의 책무로

23시간 30분 이상을
속박하고 당해야 하는 어리석음

나는 긴박함
너는 지속함

그래 봤자 순간인 것을

내가 나를 볶고 지진다.
너도 역시 스스로 갈등한다

그게 에로스.

이국 사람을 만난 것처럼

말이 통하지 않으면
모든 신경을 쏟는다

말을 알아들을 수 없으면
잔뜩 긴장하게 된다

미워할 틈이 없다

똑바로 말을 못하게 되면
어디서 틀렸는지 되돌아본다

올바로 말하려고
무진 애를 쓴다

스스로 겸허해 진다

생각을 맞추려는
필사의 노력을 하게 된다

수많은 실패가 반복돼도
지치지 않고 되풀어 본다

그에게 끊임없이 촛점을 맞춘다

표정을 놓치지 않으려는 노력
행동을 주의 깊게 살피는 집중

희석되지 않는 호기심
낡아지지 않는 설렘

다툴 틈이 생기지 않는다
다퉈야 할 이유가 없다

팽팽한 긴장감과
마그마 같은 엔도르핀이 뒤섞여진다

이국 사람을 처음 만난 것처럼 살자.

이국의 길

맞게 들어 선 듯한데
가다 보면 다른 길이다

옳게 다다른 거 같아서
내리다 보면 엉뚱한 곳이다

친절한 듯해서 따르다 보면
괜한 헛고생만 심하다

여러 번 다니지만 낯설다.
거기가 거긴 듯하여 헛갈린다

자신에 대한 신뢰감이 흔들린다
그렇다고 누구에게 묻기도 어렵다

자괴감이 몰려온다

인생은 이국의 길.

자유로움

물고기는 강바닥 색깔과 비슷한 색을 지닌다
동물도 그렇게 계절마다
주변과 어우러지는 털색을 지니게 된다

신의 배려로

주변에 따라
내가 변해가는 게 순리다

역리를 앞세운 인간은
주변이 내게로 변하길 바란다

그 결과는
불행과 고통으로 이어질 뿐

관계적 자유로움은
내가 변하여 순응할 때 얻어지는 것

순리를 따라 받게 되는 것도 신의 배려

나를 변하게 하는 건 내가 아니다.

저 편

내게 필요하지 않은 것들
오히려 애물단지 되어 버려지는 것들

그게 누군가에겐 귀중품이 된다

내가 소중히 여기는 것들
목숨보다 더 껴안고 있는 것들

그게 누군가에겐 더러움이 된다

인간은 원래부터 기준이 없다
영원히 공평할 수 없는 존재

그래서 시공(時空)에 따라 그들이 만든
문화와 규칙이 다른 거다

버려지는 것들이나
부둥켜안고 있는 것들이나

결국은 같은 것.

정전기

사랑이라는 순정으로 시작되었다

자식을 키우는데
여념이 없었고

집안의 부흥을 위해
몸 사리지 않았던 날들

기계처럼 반복되는 일상으로
고난과 피곤이 겹쳐진 여정

그렇게
시간의 무관심 속에 버려졌던 때

뜻하지 않던 상황,
하지만 내심 꿈속으로
마냥, 그리워했었던 그 일이
들이닥쳤다

하나가 되면 주체할 수 없는 거

판단의 장대를 뛰어넘는
그 무지막지한 순간 스퍼트

번지점프로 튀어 오르는
팽개쳐진 몸처럼 불꽃이 튄다

아무 생각도 하기 싫다
뭐가 어떻게 되더라도.

존재가치

조물주께서 흙으로 나를 빚으셨다

그리고
도자기, 아파트, 댐
그 외 모든 조형물을

내가 흙으로 빚는다

흙으로 빚어져
흙을 먹고, 입으며
흙에서 살다가

흙에 삭혀진다

그러다가
다시 또
흙으로 빚어지게 된다

윤회와 영생은 그렇게 순환되는 거

짐승으로 빚어지게 될 수도 있었다
나무나 풀로도 빚어질 수 있었다

내가 존재하게 된 건
오로지 조물주의 배려일 뿐.

질서

바람은 임의로 오거나 가지 않는다
잎사귀도 함부로 나타나거나 사그라지지 않는다

그 어떤 것도 예고 없는 건 없다

태풍은 상생을 위한 토닥임
가뭄도 환생을 위한 껴안음
한파 역시 보존을 위한 배려

그들도 오며 갈 때는 마중과 배웅을 한다

신은 그렇게 생명을 키워낸다.

착취

소리 없이 피를 뽑는 주사기

사육되는 동물처럼
길들여진다

먹이를 주듯
가끔씩 탕감해 주는
허울을 뒤집어쓰고

혼돈의 늪으로 빨려간다

자유는 힘겨운 것
쉬운 속박의 길에 들어선다

길들여짐은
또 다른 길들여짐을 갈망하게 하듯

서서히 피를 빨린다

무너지는 것도 모른 채
허물어지는 그것처럼

가끔씩 탕감해 주는 그 맛으로
길들여진다.

초겨울 유노시마칸

연분홍 빛 진달래 잎엔
기쁨이 보이고

붉고 노란 낙엽엔
슬픔이 배어있다

뜨끈한 물에 담긴 육체엔
안락함이 스며들고

허옇게 눈이 쌓인 산엔
배고픔이 짙게 깔려 있구나.

콤비네이션

끊임없이 떨어지는 물은 생각이오

단단한 바위는 아집이라.

파멸

한낱 장난으로 생명을 앗아간다

쾌락을 위해 종족을 흩뿌려
거침없이 없앤다

범죄에 무감각하면서 평화만을 부르짖는

무한대의 잔학 집단

장막과 가면을 두르고,
거짓을 진실인 것처럼 포장한다

점철된 불행을 행복함이라며
처음부터 마지막까지 이율배반적 행태로
모든 유기체를 고사시키는

영원한 포악 집단

'만물의 영장' 푯말 아래
스스로 소용돌이에 빠져만 든다.

프리덤

차갑지만 식지 않고
뜨겁지만 덥지 않은

경계선에 네가 있다.

개탄

초식동물들이 극렬해진다
사생결단하는 육식동물,
물고기들도 그렇다

발정기 유기체들의 행태는 엇비슷하다

권력을 거머쥔 숫사자
폭력을 정당화한 산양

명예는 그런 물리력으로 떠받들어진다

오직 발정만을 위해 필요했을 것임에도

그래도 그들은 발정기가 있다.

현명함

사는 동안
기대도 하지 말고
희망을 품지도 않는 거다

그래야 겨우 절망에서 벗어날 수 있는 것

기대와 희망은 아집일 뿐

살아왔던 것에
미련을 담지 말고
아쉬움도 기억하지 않는 거다

그래야 겨우 상처를 덧나지 않게 할 거다

미련과 아쉬움은 관념일 뿐

살아왔던 거나
살아가는 거나
매일반

결국 지지고 볶이는 건
인생이 아니라

제대로 모르는 나 자신

물리적 정서적으로
올곧지 않고 비대칭으로

시작해서 마쳐지는 게 나 아닌가?

현재 진행형

상아질 치아가 인공치아로 바뀐다
렌즈가 망막을 대신한다
극심한 고통의 통풍도 온다

그리고
대장이 망가진다

다음엔
다른 장기도 무너지겠지

물리적 상황은
점차로 삼투압을 내려서
결국 종착점으로 치닫게 된다

봄부터 겨울까지
그렇게 존재하는 모든 유기체가
돋았다가 허물어지는 것으로 이어진다

태어남의 시작과
죽음의 마무리도 매일반

모두가 신의 허락함으로
반복되는 현상일 뿐

오직 인간만이
한 생애의 매듭을 두려워한다

시작과 끝은
또 다른 순환의 연결점일 뿐임에도.

희망

무엇을 만난다
그리고

사람을 만나게 된다

시간을 만나고
펼쳐진 자연의 생명을 만나고
또

너를 만났다

그 만남에서
나는 찾고 또한 갖게 되었다

그건
스스로에 대한 정직함의 확산.

가을 아침

햇살은 비등점 위에 놓인 이슬

햇볕은 당신을 안고 있는 포근함

산소 가득한 공기는 사랑

자족의 여유를 만끽하는 행복

"더도 말고 덜도 말고 지금만 같아라"는 말이 떠오른다.

본질과 헛갈림

지식이 지혜를 동반하는 건 아니다

배움은 지식의 축적을 의미하는 게 아니다

앎이란 지식이 많은 걸 의미하진 않는다

행복의 누림에 있어선 때로 지식이 걸림돌이 된다

얕은 사람이 지식을 더하면 교만해진다

스스로도 변하는데 남들만 변하는 줄 생각한다

스스로에 대해 인지한 때는 뒷북치는 거다.

부메랑

뒤 베란다와 창고에
쓰레기를 분리해 놓고 쌓는다

거실은 화려하게 꾸미고
좋은 향내를 풍겨 치장을 한다

베란다 문만 열면 악취가 생기는
이중구조 아파트에 산다

다른 동네가
더러움에 뒤덮여도 모른 체 한다

다른 나라에
쓰레기와 오물을 수출하고

수입한 나라는 제 나라
앞 바다에 버젓이 버린다

땅에 묻고 강물에 숨기고
서로 모른 체 한다

지구는 닫힌 아파트

완벽하게 막힌 공간이거든.

선물

신께선 내게
큰 권력을 주시지 않았다
많은 재산과 높은 명예도

그렇게 하셨다

내가 받은 건
자족할 줄 알고 누리는

지혜와 능력.

성숙

잘생긴 모습에 눈길이 간다
좋은 목소리에 관심이 간다

일차원 물리적 관계로 인생을 건다

흥미로운 취미,
독특한 재능을 보고

이차원 관계에 인생을 건다

과거를 알고 연민의 정이 깊어간다

정서적 삼차원 관계에 인생을 건다

태양과 달,
먹구름과 비가 그렇듯

신의 배려로 맺어진 관계에 인생을 건다.

아이러니

모든 걸 가지려고만 든다

재물을 채우면
명예로 뻗치고
권력을 탐한다

자투리 하나도 놓치지 않으려 한다

신은 모든 걸 주시지 않는다

바벨탑만 쌓다가
흔적도 없이 사그라지는 것임에도

뉘우침 없이 여전히
틀어쥐려고만 한다

신은 한가지씩만 공평하게 주셨을 뿐.

자살

버리고 비워야 함에도
오히려 가득 채우기만 하여

신의 권한에 무지막지한 도전을 한다

극도의 아집은
바벨탑 꼭짓점이 되어

조물주와 견준다.

우둔한 극악무도함은 또 다른 살인일 뿐.

치명 도구

키우는 짐승이나 식물에
적절한 영양분을 주면
별 탈 없이 건강히 자란다

병든 것도 모른 체
영양분을 과다 공급하면

그들을 죽이게 된다

적당한 관심은 생명력을 보존한다

지나침으로 생성된 의심은
치명적 상황으로 내몬다

의심의 부메랑적 반발력은

나를 격리시키게 된다.

FIRST TIME

에베레스트를 최초로 등정했다고 한다
신대륙을 발견했다고 한다
세계 일주를 그렇게 처음 했다고 한다

대자연의 구성원인 바람과 꽃씨는 오래 전에 이뤄놓은 일

인쇄기를 처음 발명했다고 한다
비행기나 전기도 그랬다

마그마나 반딧불이와 꿀벌은
벌써 한참 전에 만들어서 사용해 왔다

인간이 처음인 건 아무것도 없다

치졸하게 모방했을 뿐.

풍력 발전기

너는 볼품없는 날 사랑해 준다
때로 폭풍으로
훈풍과 미풍으로도

난, 너의 깊이 있는 사랑함을
담는다

우리 사랑함이 잉태되어
빛을 낳는다

볼품없는 나를 사랑해 준

너의 지극함은 인류에게 희망이 된다.

히메가와 연가

곧게 늘어선 녹색 줄기의 청초함과
비취빛 강물이 어우러지는

히메가와

신이 주신 아름다움을 지키고 있다

상큼한 바람과
기품 있는 음률이

악념을 씻어준다

하늘과 바람 그리고 강의 어우러짐이
사이좋은 연인의 모습이구나.

기차

기적소리에 희노애락이 모인다

사랑을 싣고
아픔을 내린다

즐거움이 타고
고통이 내린다

차문이 열릴 때마다
사연들을 싣거나 내린다

차창을 스치는 들판의 정경은
먼저 간 자의 애환이 담겨있는 곳

희노애락이 오르락내리락하면서
기차는 기적소리와 함께 달린다

제로로 수렴되는 종착역을 향하여.

노토 반도의 겨울 저녁

산 그림자가 길게 늘어선 뒤쪽에
불그스레한 채색 빛으로

노을이 지키고 있다

눈 되지 못한
가냘픈 겨울 빗줄기가

먹구름 사이로 수줍게 흩뿌려진다

소리도 삼킨 잔물결이
먹이를 앞에 둔

물고기 무리처럼 너울거린다.

삼일절

대한의 땅에
하얀색 사람 물결이 춤춘다

결연한 표정으로
두 손을 들고

거리와 들판을 채운다

아무것도 들지 않았다면 굴복
총칼을 들었다면 폭력

우린,
평화와 자유 그리고 독립을 갈망하며

태극기를 들었다

만국의 사람들이여!
총칼 앞에서 평화를 들고
자유를 쟁취하려는

드높은 기상을 그대들은 아는가?

자유와 평화의 가치가
죽음보다 더 귀한 것을

대한민족은 알고 있다

우리와 같이 시작하고 누리자
상생과 공존을.

정겨움

도톰하고 보기 좋은 입술
맑고 깨끗한 피부
적절한 높이의 코
안성맞춤의 눈과 귀

거기에
불만족한 날카로운 눈빛이라면
균형 잡힌 얼굴이지만 표독스럽다

성능이 좋은 칼과 총
살상 능력이 우수한 폭탄
날렵한 전투기

구경하긴 좋지만 무섭다

곧게 뻗은 대칭적 인공림
잘 건설된 도로와 항만

사용하긴 좋지만 뭔가 허전하다

선한 눈빛
사려 깊게 배려있는 행동
둔탁해 보이는 뚝배기와 절구통
불규칙하나 어우러진 산과 들
정겨워서 곁에 두고 싶다.

소음

건설현장의 장비 소리
바삐 도는 기계 소리

작업하는 소리는
데시벨이 높지만 들을 만하다

개 짖는 소리
소 울림소리

짐승의 소리는
알아듣진 못해도 정겹다

물 흐르는 소리
바람 소리

자연의 소리는
마음도 씻겨 주는 듯하여 고맙다0

나와 관계없는 사람들의 웅얼거림
듣기 싫은 잔소리는

귀를 틀어막고 싶을 뿐.

기울어짐

잔인한 강도는
특정한 사람에게 따뜻하다

실력 있는 도둑은
어떤 사람에게 큰 선물을 한다

따뜻하고 배포 큰 사람이라고
모두 근본이 좋은 것만은 아니다

아내에게 대통령인 사람이나
남편에게 기관장 행세하는 사람은

아무것도 아닌 버려질 사람이다

본질이 훼손된 건 편견.

무지

짐승들이 털갈이 한다

바람과 석양이 말해줬어도
모르는 체하다가
시원함과 따뜻함을 알게 된 때는

돌이킬 수 없는 상황

나뭇잎이 탈색된다.

해님과 달님이 조용히
알려 주는데도 무관심했다가
인지했을 때는

잎이 줄기에서 떨어져 나갈 즈음

타협과 합리화로
안주하고 있는

지금이 그와 같다.

남한산성

그때는 날 선 칼 들고
몽고군이 물밀 듯 들이 닥쳤었다

지금은 회색빛 고층 아파트가
사방을 에워싸고 있다

쓰레기더미 같은
죽은 빛깔의 시멘트 덩어리가

기세 좋았던 날 선 칼을 무색하게 한다

잔인했던 몽고군이 물러간 후
수려함은 살아남았지만

회색 뭉치들이 물러갈 때면
미세먼지만 자욱하게 되어

황폐함 속에 너를 삼키게 되리라.

오해

지식은 타인을 도와주고
배려하기 위해 쌓는 거다

내 입에만 풀칠하려면
무지한 게 좋다

사지 멀쩡한 육체로
사는 게 얼마나 고귀한가?

지식을 쌓아서 헛된 짓만 부린다
배고픈 자 양식 갈취하고
집세 올려서도 착취한다

그래도 자식에게
지식만 쌓으라는 대물림은

못 배운 설움의 화풀이인가?

우둔함

자신의 입맛에
음식의 맛을 가둬 두려고 한다

자신 생각의 범주 안에
타인의 생각이 머물도록 한다

음식의 맛이나
타인의 생각은
바람처럼 자유로운 것

바람을 붙잡아서 놓지 않으려 한다.

혼돈

그토록 갖고 싶은걸
소유했을 때

갈망이 컸던 만큼
순식간에 쪼그라든다

그토록 하고 싶었던 것을
이루었을 때

쟁취감 보다
훨씬 더 큰 허무가 도사리고 있었다

그토록 마주하고 싶었던
빛을 막상 맞닥뜨리면

어둠에 파묻혀지고 만다

본면과 이면은 혼돈의 실체.

망중한

겨울 티를 벗지 못한 바람이
산을 휘이 감아 돌아와서
얼굴에 비벼대는 청량한 느낌에

마음까지 맑아지는 듯

따뜻한 노천수에 담겨진 몸은
산소 가득한 상큼한 바람결에

가녀린 자족 숨을 내쉰다

적당히 배를 채운 새들도
즐거움의 노래를 부르고

그림처럼 펼쳐진
산의 정경이 시작의 희망을 안겨 준다

그렇게
어우러진 바람과 물소리가

기울어지는 나를 곧추세워 준다.

신기루

선그라스를 쓴 사람이 지나갈 때
얼굴을 상상해 본다

선그라스가 제쳐진 후
내 생각은 여지없이 허물어진다

눈의 각도, 위치, 빛
대부분 내 생각과는 다르다

나의 아집과 경험은 그렇게 올바르지 않은 거다

사람을 만날 때 그를 상상해 본다

목소리, 정서적 범위, 삶의 환경
역시, 내 생각과는 상당히 차이가 난다

내가 품고 있는 생각의 정확도는 신뢰할 수 없다

당신을 보고 만난다

언제나 당신도 그처럼 새롭다.

다정다감

물결이 이리로 가면
햇볕이 따라서 가고
저리로 가면
또 햇볕이 그쪽으로 간다

물결이 이 모양이면
이 모양대로
저 모양이면
그 모양대로

말없이 따라 주는
햇볕의 순정

아침엔
내게 상냥한 인사를 하고
오후엔
나를 포근히 감싸 주며
저녁엔
그처럼 내게 위로와 안부를 묻는

햇볕은 지고지순하다

풀에게도
나무에게도

흙 알갱이 하나하나에

마음을 쏟는 햇볕.

노고단에서

산 너울이 밀물 때처럼 다가선 듯하더니
잠시 숨 고르다가
이내 썰물 때처럼 멀어져 간다

산안개를 품고
너울이 춤춘다

내 마음은 너울을 타는 뗏목

너울 위에서 해먹을 타듯
지극한 평온을 누린다

그렇게 너는 나의 연인.

포장 오물

판단의 재료로만 쓰이는 지식
내면화로 발전하지 못한 지식

그리하여
아집이 가득 들어찬 사람

자기 생각만 옳아서
가르치려고만 드는 헛된 지식인.

이순(耳順)

무계획했던 시작,
원하지 않았던 출발

던져진 더미 앞에서
얼마나 혹독한 혼돈의 세월이었던가?

그건, 새 아침을 맞기 위한 여정이었을 뿐

이제 내게 남겨진 건,
선택할 수 있는 시작과 출발이다

지금부터의 삶은 새 아침이 없다
내겐 낮과 밤이 있을 뿐

종착역을 향하는 기차는
들판과 산 그리고 어두운 터널을 쏜살같이 지나간

무관심한 영혼,
지친 영혼,
누리는 영혼으로 나뉠 뿐이다

아침을 맞이할 수 없는
시간 기차의 탑승자.

여생

태양의 입자가
1억5천만km 떨어진 곳에서

나를 기억하며 달려왔다

한 방울의 물도 그렇게
멀리서 오랜 시간

잊지 않고 내게로 왔다

우리 삶의 이어짐은
태양과 물처럼

기억하며 잊지 않는 거다.

북간도

자작나무가 붉게 타오른다

기울어진 노을의 석양은
수수밭 들판에 불을 지피고

추수를 마친
싯누런 들녘에는
벌써 생명이 움트고 있어

새로운 기운을 담고 있다

동토의 한 겨울이 두렵지 않는 건
모두가 시작을 준비하고 있기 때문이리라

누구의 땅이라 말하지 마라.
지금 밟고 있는 자의 땅이거늘

천지는 신의 것
과거에도 앞으로도
누리고 머무는 발자국으로
거머쥐게 되는 거다.

이제
슬픔을 열거하지 마라

늦가을 들녘이
생명을 움켜쥔 것처럼

시작은 누구나 할 수 있는 거다.

정동극장

늦가을 아침 햇살에
자그마하게 자리한
몇 그루 나무가

가을을 떠나보내고 있다

은행나무는 노란 색으로
단풍나무는 붉은 색
나무마다 또 다른 색으로

가을을 배웅하고 있다

가끔씩 그들은
노란색, 붉은색, 또 다른 색깔의

눈물을 뚝뚝 흘리곤 한다

사람도
온전한 이별 앞에선
그렇게 눈물을 떨군다
초겨울과
늦가을이 겹쳐지는 이때엔

그런 연민이 깊어진다.

역학관계

깨끗함 안에는 더러움이 있고
부유함 속에는 가난함이 있다

깨우침 안에서 무지를 볼 수 있고
사랑함 속에서 미워함이 있다

낮 안에 어둠이 있고
따뜻함 속에 추위가 있다

죽음 속에 삶이 있는 것처럼

도화지에 그린 저녁

가을 초저녁에
달빛 지휘로 풀벌레들의 오케스트라 연주를 듣고

신선하고 맛깔스러운 바람을 음미해 보며

붉은 노을에 뺨을 적시어 아름다운 화장을 해 본다

저 앞엔
밤으로 향하는 시간 열차가 기다리고 있다.

사랑함

누구를 기다리는 거
누구에게로 가는 것엔

공통분모가 있다.

꽃무릇

잔 수풀 사이로
곧은 꽃대가 솟아오르며

붉은 연민을 지녔소

굳게 닫힌 봉오리가
서릿발 같은 깃대를 펼치며

자유를 머금고 만개하셨소

죽음이 모두를 사랑한 것처럼

모두가 죽음을 사랑한 것처럼.

청계천 연가

희미한 전등, 좁은 공간에서
무수한 먼지를 뒤집어 쓴 채
미싱을 돌렸다

즐비한 중고책방에서
발품을 팔아 읽고 싶던 책을
손아귀에 거머쥐곤 했다

피곤한 삶을 뒤로 하고
잠시 눈을 붙였는가 싶어
눈 떠 보니 딴 세상

피곤에 지친 다크서클 얼굴
시끌벅적한 사람들의 발길
매연을 내뿜는 시내버스

그 모든 게 어디로 갔는지

겉옷을 젖힌 네 모습은
비너스의 속살이었다

아름다움을 넘어 현혹시키는 마력의 찬란함

뚜껑 밑엔 그렇게 끓고 있었다.

남산 산책길

한참 후에 찾아 간 길엔
오랜 벗이 함께 하여

여름 한낮도 무색하더라

굽이굽이 이어진 길,
오르락내리락 언덕진 길은

우리의 얘기처럼 다감하더라

우뚝 선 소나무와
더위를 견디는 나리꽃이

아리한 바람과 석양에 어우러지더라

해방촌으로 들어선 갈림길,
어릴 적 이태원 골목을 찾아

술 한 잔에 마주한 우리

지난 때를 주고받으며,
흘러간 희로애락을 토닥인다

네 눈엔 내가 있었고,
내 눈에도 네가 있더라.

'희노애락'

 모든 생물체는 '희노애락'으로 시작해서 '희노애락'의 과정을 거쳐 결국 '희노애락'으로 마쳐진다. 생존 자체가 '희노애락'인거다.

 그러나 사람들은 본성적으로 그 중 '희락'에 심취하고 싶어하며 '희락'을 끝없이 추구한다. 그래서 과욕에 불타올라 결국은 '로애'의 깊은 나락으로 떨어져 물리적 정서적으로 갈가리 찢겨진다.

 항상 맑은 날만 있다고 한다면 동물이건 식물이건 살아남을 수 없게 될 거다. 한편으로 항상 비만 온다든가, 눈만 내린다던가, 흐리기만 해도 역시 마찬가지 상황이 도래할 거다.

 아무리 과학이 발전했다고 치더라도 사람의 능력으로 맑은 때와 그렇지 않은 때를 적절히 배합해서 그것을 필요로 하는 생물체들에게 시기에 맞게 공급하는 건 불가능할 거다. 가끔 어쩌다가 일시적으로 그런 상황을 만들 수는 있겠지만 항상 그렇게 하여 생물을 보존하지는 못할 거다.

 따라서 '희노애락'의 주관은 사람이나 다른 생물체가 아닌 거다. '희노애락'은 신께서 행하시는 신의 배려인 동시에 선물인 거다.

생물체가 살아가기 위해선 여러 가지 영양분이 필요할 거다. 예를 들면, 식물은 땅에서 열매를 맺고 꽃을 피우기 위해 필요한 것과 버릴 것을 구분하여 흡수함으로써 목적을 이루고 소멸되지 않는 거다. 사람도 마찬가지다. 음식물을 섭취하면 온 몸의 시스템이 일목요연하게 작동해서 비타민도 만들어 얻고 혈액도 그렇게 얻어서 건강을 유지하게 될 거다. 만약, 다른 영양소는 얻지 못하고 비타민만 얻게 된다면 그는 살아갈 수 없게 될 거다.

'희노애락'은 종합적으로 발생되는 유기체적 현상인 거다. 그래서 '희' 안에는 '노·애·락'이 있게 되고, '노' 속에도 '희.애.락'이 있는 거다.

 이렇게 '희노애락'이 버무려져 삶의 여정을 이루게 되는 것이다. 만약, 기쁨이 끝없이 계속 된다면 그건 슬픔이 되는 거다. 슬픔이 있어야 기쁨이 있게 되기 때문이다. 물리적으로 보더라도 역시 마찬가지다. 태어나서 생을 마감할 때까지 한 번도 내장에서 탈이 나거나 근육통이 없이 완벽하게 건강해서 아파 보지 않은 사람은 참으로 병든 사람일 거다. 물리적으로 고통을 알려 주는 시스템이 망가졌기 때문이다.

 육체적으로 병이 들고 아파 봐야 비로소 건강관리가 얼마나 중요한지를 알게 되는 게 사람일 거다. 경험하지 않고서도 아는 사람은 없을 거다. 조물주가 아니기 때문이다.

 대부분의 사람들은 스스로의 생각으로 ㅡ이런 걸 아집이

라고 함_ 혹은, 스스로의 생각에 빠져 '희노애락'을 정확히 구분하지 못하고 살아가기도 한다. 그래서 '희노애락'의 기준이 없기때문에 각자의 '희노애락'이 다르다. 그러니 참으로 불행하게 되는 거다.

 가령, 배고픈 사람은 밥 한 끼 먹는 게 기쁨일 것이고 도박하는 사람은 게임에서 이기는 게 그럴 것이다. 그렇기 때문에 각자는 어떤 때가 또는 무엇이 희로애락인지를 모른다. 태어나서 떠날 때까지 그렇게 맴돌기만 하다가 안개처럼 사그라지는 게 사람인 거다. 그런 부류에게 적절한 때에 상황에 맞게 생명을 보존케 하는 건 분명 신의 배려인 거다.

 그런 까닭으로 신께선 각각의 사람들에게 걸맞은 '희노애락'을 허락하신 거다. 그럼에도 불구하고 어떤 사람은 신의 영역에 침범하여 스스로가 스스로에게 '희노애락'을 부여한 것처럼 자기의 잣대로 자기의 생명을 스스로가 결정짓는 행위나 생각을 하곤 한다. 그건 자살로 포장된 살인범죄일 뿐이다. 왜냐하면 피조물이 조물주의 권한을 사용했기 때문이다.

 앞서 거론한 바와 같이 사람에게는 '희노애락'에 대해 결정하거나 결정지을 권한이 없는 거다. 신께서 사람에게 허락한 '희노애락'은 분명한 까닭이 있다. 조물주께서는 우리를 태어나게 하셨고 삶의 여정_생명체의 생명 보존도 포함됨_을 지켜 주시며 또한 거두어 주신다.

 죽음으로 수렴되는 삶의 여정에서 '희노애락'을 허락하신

건 각자가 온전한 참 명제인 죽음을 인정하고 받아들일 수 있도록 죽음에 대한 이해의 폭과 깊이를 더하기 위한 신의 배려와 선물인 거다. 물리적 육체적으로의 '희노애락'을 통해서 우리는 죽음의 저편을 다녀오는 것이고, 정서적 '희노애락'을 통해서도 역시 죽음을 볼 수 있게 되는 거다.

 죽음은 지금인 거다. 과거도 아니고 미래도 아닌 거다. 조물주는 이렇게 당면한 사실을 분명히 인지하라고 '희노애락'을 허락하셨다. 그래서 수없이 많은 사람들에게 각자 걸맞은 '희노애락'을 배려하신 거다. 그 경우의 수는 실로 무한대의 정점을 찍는다. 그렇기 때문에 신 이외에 할 수 있는 존재는 없을 거다.

 우리는 각자의 삶에 있어서 '희노애락'으로 무엇을 판단하려고 한다거나 또는 결정지어선 안 될 거다. 다만, 그 깊은 조물주의 사랑하심에 탄복하여야 할 거다.

 '희노애락'은 생명체에 있어선 마치 기생충과 같다. 서로 공존하는 실체일 뿐이다. 그리고 '희'와 '로', '애'와 '락'은 서로 팽팽한 평형을 이루고 있는 우주처럼 완벽한 조화가 그 본질인 거다.

언어는 속임수

 오래전, 그러니까 처음의 인류에게는 한 종류의 언어만 있었을 게다. 인간이 모여서 하는 건 뻔하다. 무슨 모의를 하거나 작당을 하는 거다. 그때도 그랬을 거다. 그래서 시도한 게 신께 맞짱을 뜨는 것이었다. 바벨탑을 세워 끝없는 높이에 도달하고자 했고, 오히려 신의 경지를 뛰어 넘어서려고 했다.

 지금도 그 시도는 계속 진행되고 있다. 처음의 본성이 수그러들거나 멈추려는 기색이 전혀 없다. 그때 신의 저주로 바벨탑 사건 이후 한가지 언어가 여러 개로 분산되어 각국이나 각 지역의 언어로 나뉘면서 서로의 소통이 원활하지 않게 되었지만, 이 또한 신의 영역에 도전하는 인간의 부단한 노력으로 처음 때처럼 언어가 한 종류와 같은 상황이 되어 가고 있다. 그 잘난 번역기를 통해서.

 사실은 신께서 주신 언어는 느낌이었을 거다. 소리로 하는 말이나 글로 표현하는 심볼은 느낌 이후의 전개되는 상황이다. 느낌은 신이 부여한 본능적 언어이기 때문에 지역이나 국가의 경계를 무색하게 한다.

 가령, 짐승들은 인간처럼 각양각색의 언어를 통하지 않고서도 소통에 별 어려움이 없다. 예를 들자면, 한국에서 키우던 개가 미국에 가도 적응한다. 새나 물고기 그리고 곤충을 비롯한 대부분의 유기체는 지역에 대한 언어의 어려움이 없다.

 쉽게 말하자면 그들은 눈치로 산다. 그렇다 하더라도 그들의 삶의 방식에는 소통에 대한 고민이 없을 거다. 느낌으로 살기 때문이다. 요즘 각 나라마다 소통에 대한 일들로 사람들의 문제가 심각히 대두되고 있다. 소통의 어려움으로 정신질환이 생겼다는 얘기는 어제 오늘의 일이 아니다.

 혼자서는 잘 놀고 먹고 지내는 일을 수월하게 하는 사람이 막상 직장 생활에선 적응을 못하는 사람들을 주변에서 어렵지 않게 볼 수 있다. 그들은 주변 사람들로부터 깊은 상처를 받기 때문에 어울리지 못하게 된 거다.

 과연, 정신질환을 앓고 있는 대상이 누군가? 극단적으로 표현하자면 비교적 아집이 강하고 폭력에 가까운 언어를 사용하길 주저하지 않으면서 패거리 문화에 익숙한 사람들이 직장생활에 잘 견딜 거다. 그런 부류가 정신질환자가 아닌가?

 "첫 인상이 결국은 맞다."라는 말이 심심찮게 거론된다. 그건 느낌을 의미할 거다. 인간이 만들고 사용하는 언어의 매개체가 작동하기 전에 우린 벌써 서로 소통하고 있는 것이며 그 소통의 방식은 정직함이라는 본능으로 얘기한 거다. 인간이 만들어 사용하는 언어나 심볼은 필터링을 하는 거다. 그 필터링은 속임수일 거다.

 우리는 대화할 때 상대방의 여러 상황을 고려하게 된다.

표정이나 행동을 통한 감정적 흐름부터 먼 이해관계에서의 주도권을 잡기 위한 기 싸움까지 언어와 심볼을 사용한 각자의 속임수를 필살기로 한다. 그래서 속임수에 능숙한 사람을 화술이 좋은 사람이라며 매우 유능한 부류로 인정해 주기까지 하고 그것도 부족해서 그런 화술을 습득하려고 한다.

세칭 정치가, 연설가 등 화술이 좋아서 화려한 사람들이 있다. 그런 부류는 일종의 사기적 행태일 뿐이다.

느낌은 분명한 색깔로 존재한다. 좋고 싫음과 같음과 다름의 감정적 오해를 양산하지 않고 상처를 주고 받지도 않는다. 완벽한 소통이기 때문이다.

언어는 속임수다. 그래서 다툼과 오해를 끝없이 양산하면서 극단적 상처를 주기에도 망설임이 없다.

마음을 얼마나 많이 속일 수 있는 가에 따라 부유함을 거머쥐게 되고 훌륭한 정치가도 되는 게 현실이다.

오랜 과거로부터 이어진 언어의 속임과 유희는 패망의 바벨탑을 향하고 있다.

독서와 생존

 생존이라 함은 보통의 경우 물리적 생존을 생각할 수 있다. 물론 육체가 살아있어야 존재되는 건 마땅한 일이긴 하지만 나는 여기서 삶의 가치관 정립에 따른 인격적 생존을 생각하기로 한다. 과연, 삶을 지탱하는 힘과 에너지는 무엇인가? 우리는 외로워서 친구도 사귀고 지인들과 각종 취미생활도 공유하곤 한다. 그러나 그것으로 삶의 만족감이 지속되는 경향은 매우 드물다.

 형제 간의 경우도 그런 편이다. 육체적으로 같은 부모의 핏줄을 타고 났다는 게 형제라는 혈육이다. 그러나 삶 전체를 통하여 비춰볼 때 혈육이 내 삶에 있어서 자리한 범위는 과연 얼만큼인가?

 인간은 본래 홀로의 유기체이다. 태어남과 죽음의 연속선에서 볼 때 사람은 절체절명의 때에는 혼자인 것이다. 다른 유기체도 그렇겠지만 삶을 지탱하는 건 본인 스스로인 거다.

 가끔씩 사람들은 그런 사실을 직시하지 않는 경향이 있다. 그래서 여러 명의 친구나 지인을 두기도 하고 때론 부모형제를 위주로 가족으로부터 위로를 받으려고 하지만 결국 모두가 허탄한 일이라는 걸 세월의 흐름에 따라 인지하게 된다

인간은 글자라는 매개체를 사용한다. 글자를 통해서 서로의 생각을 교환할 수 있게 되며 때로는 시간과 공간을 뛰어 넘어서 그 생각 속으로 들어갈 수도 있다. 심연의 생각 속에서 공감과 위로를 받는다는 건 확실히 대단한 일이다.

 생각해 보건대, 삶을 지탱하게 하는 건 가족도 아니고 친구도 아니었다. 그건 바로 책과의 만남이었고 그걸 통해서 생각의 깊이와 넓이가 더해져 지탱되어 지는 게 삶이었다.

 주관적 관계는 대부분 어떤 방식으로든 상처를 잉태하게 된다. 객관적 관계는 선명하며 그건 곧 진정한 사랑의 관계로 발전하여 나를 올곧게 한다.

 객관적이며 합리적인 관계의 정점에는 독서가 있었다. 그래서 독서는 생존을 위해 필요한 것이며 인류 역사상 위대한 발자취를 남겼던 또는 남기는 사람들은 밥은 굶었어도 책은 놓지 않게 되었던 거였다.

 음악가나 화가 그리고 다른 방면에 특출난 사람들이 본의 아니게 물리적 혹은 정서적 혼란과 어려움에 들어서게 되는 경우를 역사를 통해서 엿보게 된다. 그들은 어릴 적부터 혹은 성장기에 그런 상황에 내몰리게 되어 본인이 원하지 않았어도 그 방면으로 흐르거나 그 분야에서 즐거움을 찾게 되는 것처럼 독서도 역시 그렇게 된다.

 다른 경향도 그렇듯이 독서도 강제로 시켜서 되는 건 아니다. 스스로가 좋아서 빠져들게 되고 심취해야 한다.

독서는 생각을 수반한다. 생각의 깊이와 넓이는 측량되지 않기 때문에 인생 전반에 걸쳐 영향을 끼친다. 그 결과는 지혜와 행복이란 걸 안다.

 그래서 독서는 생존인 거다. 생존의 강인한 인자를 바란다면 그는 독서를 할 수 밖에 없게 될 거다. 역사는 그걸 증명해 오고 있다.

 결국, 물리적 생존을 위한 사투의 노력과 정서적 생존을 위한 독서는 동질의 절박함을 지닌다.

'부여'에서

 대학 동기 철이는 아내와 돈독히 지내 오다가 년 초에 사별했었는데, 철이가 내게 전화를 했다.

 "마음이 허전하고 쓸쓸하다. 네가 쓴 글을 읽으면서 눈물이 난다."
부드러운 마음에 배려심이 있는 따뜻한 친구 철이는 대학 때도 왠지 모르게 서로 이끌리는 느낌을 공유하게 된 친구다.

 철이의 전화를 받으면서 그를 만나고 싶은 마음이 솟구쳤다.
"그러니? 네가 나를 사랑하는 마음이 있으니까 그런 거겠지"하는 대답을 하면서 만나자고 하니까 철이가 부여에 있는 고향 집에서 보자고 했다.

 모든 건 이별 앞에 있다. 시간도 재물도 그 무엇도 우리가 소유할 수 있는 건 아무것도 없는 거다. 그럼에도 불구하고 막상 이별 앞에 놓이면 심히 흔들리는 게 우리 아닌가?

 이런저런 생각을 하면서 철이를 만나러 갔다. 부여는 백제의 향을 지니고 있는 고도이다. 오랜만에 가 보는 부여 길은 정취도 좋았다. 한적한 시골길을 걷는 기분처럼 차는 미끄러져 갔다. 금강을 끼고 굽이쳐 가는 도로와 주변의

나무들이 찬란했던 백제 문화와 어우러지는 모습이었다.

 지난날 직장동료들과 낙화암이나 고란사를 구경하려고 갈 때와는 사뭇 다른 느낌을 받으며 여름 초저녁 석양과 노을 속으로 빨려 들어갔다.

 철이 고향은 철이처럼 은유적이며 다소곳한 마을이었고, 멀리서부터 마중을 나온 철이 모습이 더욱 정겨웠다.

 철이 고향 집은 3대째 이어온 100년쯤 된 전형적인 시골 서민들의 삶의 터전 모습을 그대로 간직하고 있어서 그 집에 들어서는 순간, 나도 모르게 어릴 때 추억 속의 블랙홀로 빨려 들어갔다.

 툇마루도 정겨운 모양이고 벽에는 부모형제의 사진이 전시되어 있었다. 앨범도 없었던 시절에는 그렇게 집집마다 벽걸이 사진이 나열되어 있는 게 수 십년 전부터 이어온 우리네 시골집의 모습이었다.

 부모형제의 사진을 보면서 철이가 설명을 해 준다.
"이건 부모님, 이쪽은 큰형,작은형"
결혼식 때 찍은 사진이 진열되어 있는 것을 보며 한편으론 부러웠다.

 누군가를 기억한다는 거, 기억해 준다는 건 그야말로 축복 아닌가? 갈등이 많거나 사이가 웬만큼 좋지 않으면 그런 사진이 치워지는 게 다반사인데 철이의 형제들은 서로가 부단한 노력 속에서 각자의 책무를 다했던 좋은 형제들이었다는 느낌을 받았다.

 형제들끼리 사이가 괜찮은 집안은 그리 흔치않다. 우리나라처럼 긴박하게 경제적 또는 정치적으로 혼란을 이어 온 나라에서는 특히 그럴 거다. 형제들 각자가 얼마나 많은 노력을 기울여 왔는지는 벽에 걸려 있는 결혼식 사진으로도 미루어 짐작할 수 있다.

 철이는 4형제 중 셋째였다. 철이가 자신의 형제들에 대해 과거와 현재를 자세히 설명해 주는 걸 듣고 있자니 그 자상함에 새삼 다사로움을 느꼈다. 대학 때 방송 반이었던 철이의 좋은 음성과 따뜻한 마음이 섞여져 한 편의 시를 듣는 듯 했다.

 우리는 지난 때의 추억으로부터 직장생활 얘기도 하고 지인들의 소식을 서로 주고받으면서 담소를 즐겼다. 추억을 공유한다는 것도 매우 행복하면서도 삶의 희열을 누리는 시간인 건 분명하다. 대학 때 자주 들락거렸던 술집의 상호를 거론하면 또 거기서 이어지는 즐거움이 줄줄이 사탕처럼 우리를 흥분의 도가니로 들여놓았다.

 철이 집 텃밭에서는 포도가 익어 가고 있었고, 선인장도 잘 자라고 있었다. 보통 집에선 텃밭에서 선인장을 보기 힘든 거라서 나는 내심 신기한 생각이 들었다.

 철이가 포도를 먹어 보라고 해서 먹어 보니 당도가 매우 높았다. 생긴 건 어리바리하게 생겼는데 당도를 맛보니 좋은 포도인 것을 알게 됐다. 역시 유기농으로 가꾼 거라서 그랬던 듯싶다.

 저녁 식사를 위해 부여읍으로 나가는 길목도 백제의 멋스러움이 있었다.
철이가 말했다.
"저녁은 연잎밥으로 할까?"
나는 고개를 끄덕여 의사 표현을 하면서 연꽃이 많은 동네인가? 하는 생각을 잠시 했다.

 연잎밥으로 유명한 음식점은 황토로 잘 지어진 분위기 있는 곳이었고 곁들여 주문한 동동주는 그 색깔과 맛이 매우 부드러웠다. 술을 즐기는 철이가 술 한 잔 못하기에 의아했더니 엊그제 초등 모임에서 거나하게 마셨다고 하면서 초등 친구들 얘기를 이어 갔다.

 같은 마을의 초등 친구들과 지금도 만남을 유지하고 있다면서 각자의 직장도 얘기하고 오래된 친구들의 성정도 얘기해 주는 걸 듣고 있으려니 나 역시 초등 친구들이 생각났다. 도시에서의 초등 친구들과 시골에서의 친구들은 조금 다른 면이 있어 보인다. 내 생각일는지 모르지만 시골에서의 어릴 적 친구들은 더 정감이 돈독할 거라는 생각이 스며온다. 마치 시골 친구들은 유기농으로 지은 그것과 같을 거라는 그런 차이의 생각.

 철이는 다복하다. 형제들도 그렇지만 어릴 적 친구들도 건재한 걸 보니 분명 신께서 삶의 풍요로움을 허락하셨다. 사람이 누릴 수 있는 복 중에 가장 큰 복은 사람 복이다.
　　　명예도 재물도 사람의 복에 비하면 조족지혈이거든.

철이가 권하는 동동주를 마시면서 철이 옆에 있으니 나도 철이가 누리고 있는 그 복을 잠시나마 나눠 받는 듯한 감사함이 있었다. 술 한 잔을 곁들인 저녁 식사를 즐기면서 기분 좋은 담소를 나누었다.

철이는 가끔 내게 묻곤 했다.
"퇴직 후 지내는 게 어떠니?"
나는 근무할 때나 지금이나 별반 차이를 느끼지 못하는 상태이고 약간은 삶의 게으름으로 유유자적하는 편이지만, 철이에게는
"그냥, 좋다. 지낼만하다."로 답변해 왔었는데 이번에는 농담도 섞어서 보다 즐거운 얘기를 했다.

철이는 담배를 즐겨해 왔던 편이었는데 아내와의 사별 후 금연에 성공했고 10월에 개최되는 춘천마라톤대회도 참석할 예정이라고 하면서 비교적 규모 있으며 건강한 생활에 매진하는 모습을 보여줬다.

저녁을 마친 때는 어둠이 깔린 시각이었다. 철이가 내게 말했다.
"여기 연꽃이 많은 저수지가 있는데 산책할까?"
나는 더없이 좋은 기분으로 받아들였고 우리는 호젓한 저수지 길을 걸었다.

흙길로 된 연꽃 저수지 산책길은 덥지 않은 바람과 어우러져서 고즈넉했다. 잠시 후 나는 형용하기 어려운 좋은 향에 마음이 빼앗겼다. 태어나서 처음으로 연꽃 향을 대하게 된 거였다. 나도 모르게 숨을 깊이 들여 마시면서 철이

한테 물었다.
"이게 무슨 향이니?"
"여기 넓은 저수지에 있는 연꽃에서 풍기는 내음이다."
나도 연꽃이 심겨진 연못이나 저수지를 안 다녀본 건 아니다. 그런데 이런 향은 처음 접하는 거라서 매우 의아했다. 그건 적당한 습도와 날씨 그리고 그에 따른 바람이 어우러져서 풍겨지는 거 였다. 아마도 낮이었으면 이런 행운은 없었을 거라는 생각을 했다.

 재차, 철이 시골집으로 돌아오는 차 안에서도 나는 연향을 떠올렸다. 마을마다 사회마다 독특한 냄새가 있는데 철이의 시골은 연향이 그윽하게 깔린 정갈한 마을이었다.

 모기장으로 사방을 두른 철이 집에서 밖을 보니 별빛이 보였다. 지리산에서 봤던 그 별빛보다 선명하진 않지만 오랜만에 보는 별빛이었다. 요즘은 시골이라고 해서 모두 좋은 공기가 있는 건 아니다. 석산으로 이뤄진 시골에서는 시멘트 공장이 무분별하게 세워져 그 일대가 말할 수 없이 황폐하게 된 곳이 여러 곳이다. 지하수도 먹을 수 없을 뿐만 아니라 공기도 탁해서 오히려 도시보다 못한 시골이 적지 않다. 그런데 철이의 시골은 공기 좋은 전형적인 마을이었다. 달빛과 별빛을 보면서 그 정취에 흠뻑 젖은 나와 철이는 밤늦은 시각까지 담소도 나누고 레코드판으로 추억의 음악도 들었다.

 조용해진 마을에서는 가을을 재촉하는 풀벌레들이 오케스트라 연주를 했다.
 풀벌레 소리를 이렇게 가까이에서 듣는 것도 참으로 오

랜만이다. 머리맡에서 듣는 풀벌레 소리는 가히, 사람들의 악기 연주에 비할 바가 아니었다. 이것 역시 낮 시각이었다면 느낌은 사뭇 달랐을 거였다.

생각해보니 내가 시골이 된 듯하다. 구태여 어떻게 누려라, 즐겨라, 무엇이 현명한 거다, 라고 구구절절한 얘기를 덧붙이지 않아도 철이 고향과 같은 곳에서 동화되어 어우러지는 게 그 모든 걸 포함하는 행복일 거다.

철이 덕분에 부여의 정취와 걸맞은 사람들의 아름다움을 한껏 느끼고 마음에 담아둔 추억의 하루였다.

축서(祝書)

작가 이종오의 제3집 '도화지에 그린 저녁' 출간을 축하하며

엄원지 (시인·문학박사)

 이종오 시인,수필가의 제3집 '도화지에 그린 저녁' 출간에 즈음하여 그에게 이 책에 대한 평론을 해 줄 계획이었으나 원고를 찬찬히 들여다보니 80여 편의 시와 4편의 수필 뒤에 내재된 작가 이종오의 깊은 내성과 세상을 향한 성찰이 심오한 경지에 와 있음이 느껴져 결국 문학이란 어느 정도 경지에 이르면 글 기법이나 서술 형태는 그리 문제될 것도 없고, 그 어떠한 것을 주제 삼거나 전개하더라도 뛰어난 문학 정신과 철학 앞에서는 잘 쓰고 못 쓰고가 없기에 책 출간을 축하하는 뜻과 보는 바의 핵심적인 논평만 하고자 하는 것이다.

 그렇지않은 경우도 있지만 대개 글은 작가의 정신세계가 스며있는 분신같은 존재인 것이다.
작가 이종오는 저서를 제1집으로 '모범답안'을, 제2집으로 '진실'로 발간한 바 있다.
모두가 책명 외에 부제를 '수필이 있는 시집'으로 발간해 순수한 시와 품위있는 수필을 이미 우리에게 선보였다.
 이번에도 역시 '수필이 있는 시집'으로 원숙한 작가로서

의 면모를 책을 통해 보여주고 있다.
제1집과 2집이 세상을 향해 약간의 공격적인 문학이었다면 제3집은 공격과 자비의 양면 위에 바탕한 진지한 삶의 관조가 책 전반에 깔려있다.

 수필 편 '언어는 속임수'에서 작가 이종오는 세상을 만들어 가는 '말'에 대해서 준엄한 경고를 거침없이 내뱉고, 수필 '부여에서'에서는 오랜만에 만나는 친구와의 일기 속에서 세월과 삶에 대한 대비를 해 보며 끝없는 세상에 대한 연민을 말하고 있다.

 그리고 시 편을 보면 대표적으로 제1부의 시 '4월 지리산'에서 세상의 면모를 꿰뚫으며 세상에 있는 온갖 아름다운 만상을 명상하는 가운데 맨 마지막 연에서 -4월에 너를 보면 눈물이 흐른다-고 읊어 현란하고 아름다운 세상의 이면에 감추어진 그 무엇에 가슴을 앓는 순수한 시인의 가슴을 여실히 글로서 표현해 내고 있다.
 제2부에서는 대표적으로 시 '유혹'이 세상을 살아가는 우리들의 삶을 잘 그려내고 있다.
축구로 치자면 아주 절묘한 킥의 한 승부차기 골과 같은 시이다.
 3연의 -나는 긴박함/ 너는 지속함-과 4연의 -그래봤자 순간인 것을-이 바로 이 세상의 우리 삶을 단적으로 표현해 낸 시어이다.
 언뜻 이 시를 보면 남녀간의 사랑을 담아낸 글처럼 보이지만 이종오에게 있어서는 우리네 인생의 시간성과 환경성을 담아낸 작품으로 사람이 한평생을 살면서 추구하는 매사가 한순간의 성공을 위해 많은 시간을 몸과 마음을 사람과 사람 사이에서 투자하며 살지만 길어야 백세인생일지라도 영원의 시간성 앞에서는 순간에 불과하다는 것을 꿰뚫고 있는 것이다.

 결국은 삶이란 마지막 연처럼 -그게 에로스-라고 하면서 평생을 노력하며 사람과 부딪히며 사는 것을 사랑이라고 생각하며 살지만 실은 순간의 허무인 것을 표현하는 것으로 인간 이종오의 깊은 삶의 철학을 보여주고 있다.

 제3부에서도 역시 대표적으로 시 '성숙'을 통해 우리 인생을 일차원, 이차원, 삼차원으로 분류하며 인생의 단계를 서술하면서 맨 마지막 연에서 -신의 배려로 맺어진 관계에 인생을 건다-며 한마디로 깊은 사색과 성찰로 일구어낸 인생과 세상에 대한 작가 이종오의 폭넓은 철학을 보여주고 있다.

 세상의 모든 것이 유년기부터 노년기에 이르기까지 배우고 깨우치며 노력하는 가운데 이루어지지만 그것 역시 신의 뜻이 아니면 안된다는 논리가 엿보이는 시이다.

 제4부는 작가 이종오의 시 작품의 원숙함을 보다 더 잘 보여주고 있다.
시 '도화지에 그린 저녁'이 그것이다.

 단순히 가을 초저녁을 노래한 서정시 같지만 여기에 작가 이종오의 세계관과 문학적 소양이 모두 내재되어 있는 작품이다.

 3연에서 -붉은 노을에 뺨을 적시어 아름다운 화장을 해 본다-/ 4연의 -저 앞엔/ 밤으로 향하는 시간 열차가 기다리고 있다-는 아주 주옥같은 시로 읽는 이로 하여금 서정적인 낭만과 가슴 설레임을 자아내게 하는 뛰어난 시어의 마술을 부리고 있지만 사실은 그 아름다운 표현 뒤에는 세상과 인생을 향한 예리한 성찰이 숨어 있는 시이다.

그의 가슴과 눈에는 어느 노년의 철학자 못지않은 삶에 대한 깊고 넓은 철학이 내재되어 있음을 보여준다.
 아무리 아름답고 뛰어난 삶을 살았어도 황혼의 저녁은 곧 밤으로 가는 거의 마지막 시간 임을 간파하는 내용으로 이 두렵기도 한 사실을 주옥같은 시어(詩語)로 서정적으로 아름답게 표현하고 있는 수작(秀作)이다.

 아무튼 원숙한 시 작품의 행보에 첫째는 살아생전 작가로서 스스로 자족의 시심(詩心)을 만나고, 둘째는 이와같이 좋은 시와 글들을 많은 사람들이 읽고 가슴에 담아 주기를 바라는 기대와 셋째는 이 책의 출간이 작가 이종오의 삶에 더욱 큰 발전과 행운이 되기를 바라며 이 축서를 저자와 세상을 향해 띄운다.
 3집 '도화지에 그린 저녁'의 출간을 진심으로 축하하네. 건강하게 살아가게나. 한없이 자네를 사랑하네.

2020년 초겨울 단심재에서
도하(度河)에게 보냄

도화지에 그린 저녁

초판인쇄 / 2020년 12월 05일
초판발행 / 2020년 12월 10일

지은이 · 이종오
펴낸이 · 엄대진(엄원지)
펴낸곳 / 한국신춘문예협회

등록번호 / 제301-2012-158호
등록일 / 2012. 07. 24
ISBN   978-89-98104-16-0(03800)
책 값   10,000원

서울특별시 영등포구 국회대로 70길 15-1
(여의도동 극동 VIP빌딩 905호)
대표전화 02-761-2444
F A X   02-761-2443

*저자와의 협의없이 이 책 내용을 무단으로 사용함을 금합니다.